Info-animaux

CHIENS et chiots

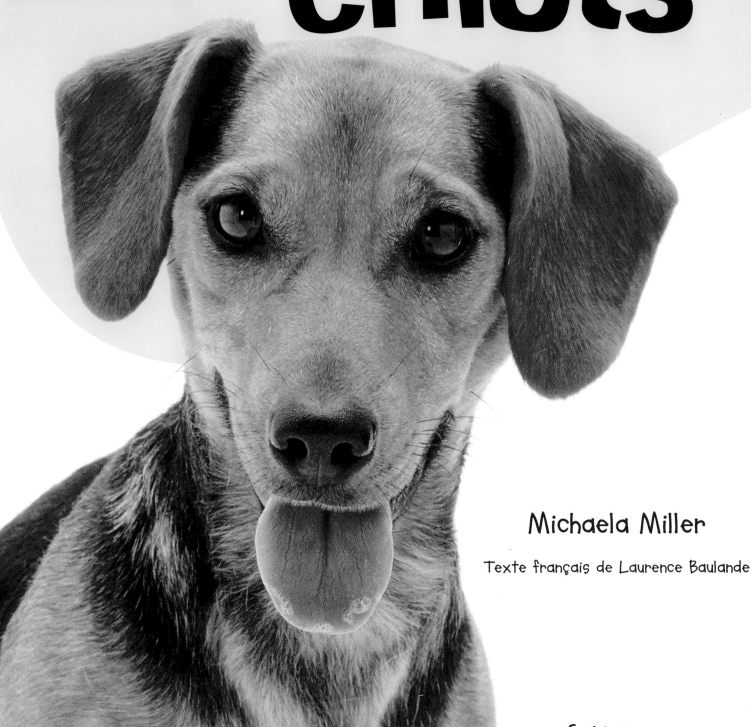

Michaela Miller

Texte français de Laurence Baulande

Éditions SCHOLASTIC

Les mots en **gras** sont expliqués dans le glossaire de la page 30.

Édition publiée par les Éditions Scholastic,
604, rue King Ouest, Toronto (Ontario) M5V IEI

5 4 3 2 I   Imprimé en Chine   08 09 I0 II I2

Catalogage avant publication de Bibliothèque et Archives Canada

Miller, Michaela, 1961-
Chiens et chiots / Michaela Miller;
texte français de Laurence Baulande.

(Info-animaux)
Traduction de : Dogs and puppies.
Comprend un index.
Public cible : Pour les 7-12 ans.

ISBN 978-0-545-99191-9

I. Chiens--Ouvrages pour la jeunesse. I. Baulande, Laurence
II. Titre. III. Collection: Info-animaux (Toronto, Ont.)

SF426.5.M4514 2008   j636.7   C2008-901702-I

Écrit par Michaela Miller
Consultant : Chris Laurence, QVRM, TD, B.Sc, MRCVS, Directeur vétérinaire du Dogs Trust
Conception graphique : Melissa Alaverdy
Photographies fournies par Warren Photographic
Direction artistique : Zeta Davis

TABLE DES MATIÈRES

Le chien qui te convient

Les chiens font de merveilleux animaux de compagnie. Ils aiment jouer, se promener, courir avec leurs maîtres, et faire partie de la famille. Cependant, ils représentent aussi beaucoup de travail. C'est pourquoi, il est essentiel de réfléchir et de peser le pour et le contre avant d'en adopter un.

Il y a trois couleurs de labradors : chocolat, blond ou noir. À toi de choisir!

Une décision importante

Afin de découvrir si un chien est le bon animal de compagnie pour toi et ta famille, voici quelques questions à vous poser tous ensemble :

🐾 Sommes-nous prêts à nous occuper de notre chien, même lorsqu'il sera malade ou âgé?

🐾 Sommes-nous prêts à l'emmener en promenade deux fois par jour, même quand il pleut ou qu'il fait froid?

🐾 Sera-t-il seul à la maison plus de trois heures par jour?

🐾 Avons-nous une cour extérieure clôturée où il pourra jouer en toute sécurité?

🐾 Avons-nous les moyens de payer les frais de vaccination annuelle et tous les soins dont notre chien aura besoin?

🐾 Lorsque nous partirons en vacances, aurons-nous les moyens de mettre notre chien au chenil si nous ne pouvons pas l'emmener avec nous?

Si vous répondez « oui » à toutes les questions ci-dessus, alors un chien est peut-être le compagnon idéal pour toi et ta famille.

4

Des chiens, des chiens et encore des chiens

Il existe des chiens de toutes les tailles et de toutes les formes, des petits chihuahuas aux grands danois. Ils ont différents **tempéraments**, alors essaie d'en choisir un qui conviendra à ta famille. Par exemple, il vaut mieux éviter les gros chiens turbulents comme les retrievers à poil plat ou les border collies s'il y a de jeunes enfants dans ta famille, car ceux-ci pourraient se faire bousculer et se blesser. Un plus petit chien au tempérament calme et affectueux serait plus approprié. Outre les chiens de race (voir page 9), tels que les labradors et les épagneuls, il existe aussi de nombreux chiens de races mélangées – bâtards ou corniauds – qui font d'excellents compagnons.

Grands ou petits, à poil court ou à poil long, il existe de nombreuses sortes de chiens!

Un chien adulte ou un chiot?

Les chiots sont adorables, mais ils ont aussi besoin de beaucoup d'attention. Il faut leur apprendre à être propres et à obéir, sinon ils risquent de faire beaucoup de dégâts. Adopter un chien adulte dans un refuge pour animaux est une autre possibilité. Souvent, ces chiens abandonnés ont besoin d'un peu de temps pour s'habituer à leur nouveau foyer, mais ils deviennent ensuite d'excellents compagnons. Avant de prendre une décision, pourquoi ne pas demander conseil à un vétérinaire?

La vie sauvage

Les chiens descendent des loups. Les humains commencèrent à apprivoiser des loups pour protéger leur foyer et garder leurs troupeaux d'animaux il y a 10 000 à 15 000 ans environ. Même si cela remonte à une époque très lointaine, c'est en en apprenant plus sur le comportement du loup que tu pourras comprendre ton propre chien et en prendre soin de façon adéquate.

Différentes caractéristiques

Suite à la domestication des premiers loups, l'homme en commença l'élevage afin d'obtenir des **caractéristiques** différentes. Par exemple, les colleys et les chiens de bergers ont été dressés pour garder le bétail de la ferme. Certains chiens comme les golden retrievers ont été éduqués pour trouver et récupérer (c'est-à-dire aller chercher) les oiseaux ou les autres animaux chassés par leur maître. D'autres encore, comme les petits caniches et les chihuahuas, ont simplement été élevés pour devenir des animaux de compagnie.

En général, les loups font 50 kilomètres par jour à la recherche de leur nourriture. Votre chien n'aura pas à en faire autant, mais c'est son instinct qui le pousse à être toujours actif. C'est pourquoi les promenades quotidiennes et l'activité mentale aident ton chien à demeurer heureux et en bonne santé.

Les loups poussent des hurlements lorsqu'ils sont séparés de leur meute ou pour avertir les loups des autres meutes de se tenir à distance. Ils hurlent aussi lorsqu'ils ont attrapé leur proie.

Un membre de la meute

Les loups sont des animaux sociaux; ils vivent en « meutes », c'est-à-dire en groupes. Tout comme les loups, ton chien est un animal social qui a besoin de faire partie d'une meute pour être heureux. Ta famille constitue la meute de ton nouveau chien! Il devra apprendre à bien s'entendre avec les autres membres de sa meute et accepter d'obéir aux ordres qui lui sont donnés. Si ton chien n'est pas dressé correctement lorsqu'il est encore un chiot, il pourrait développer des problèmes comportementaux, comme sauter sur les gens, les agresser, grogner quand il ne devrait pas et mordre.

Les border collies sont dressés pour travailler comme gardiens de troupeaux, mais placés entre de bonnes mains, ils peuvent devenir de merveilleux compagnons.

Comment les chiens communiquent-ils?

Les chiens ont leur propre langage corporel. Un chien agressif se tient les oreilles dressées et la tête haute. Il va fixer son adversaire, montrer ses crocs et dresser les poils de son dos pour paraître plus gros. Il peut aussi grogner ou japper et tenir sa queue dressée. Si un chien est effrayé, il peut **se tapir**, les oreilles aplaties et les crocs découverts. Parfois, il geint et gémit. Un chien affectueux a les yeux grands ouverts et semble sourire. Un chien heureux peut aussi gémir ou japper de plaisir.

Choisir ton chiot ou ton chien

Veux-tu un chien de race ou un bâtard? Si tu désires un chien de race, il te faudra t'adresser à un éleveur spécialisé. Éduquer un chien demande beaucoup de temps et d'efforts, alors tu préféreras peut-être adopter un chien adulte. Visite les refuges pour animaux, mais rappelle-toi qu'un chien qui a été abandonné ne sera pas forcément élevé comme tu le souhaites. Tu devras sans doute l'entraîner de nouveau.

Les chiens de race

Les clubs canins regroupent des éleveurs par pays. Ce sont de bons endroits pour trouver de l'information sur les chiens de race. La plupart des associations ont un site Web, ce qui est un bon outil pour trouver un éleveur dans ta région. Il existe aussi des sites Web de refuges spécialisés dans les soins pour les chiens de race. N'achète pas de chiots par le biais de petites annonces offrant de multiples races de chiens. Ils risquent de provenir de petits élevages où les animaux ne sont pas élevés ni soignés correctement.

Un berger allemand
de huit semaines
joue avec plaisir.

Savoir bien choisir un chiot

Avant de faire l'acquisition de ton chiot, observe-le en présence de sa mère. Cela te permettra de te faire une bonne idée de la taille qu'il atteindra à l'âge adulte. Si sa mère semble sociable avec les gens, alors il y a de fortes chances pour que ton chiot le devienne aussi, si tu l'élèves adéquatement. Choisis un chiot avec un museau et des dents propres. Il ne doit avoir aucune trace de diarrhée près de la queue et il doit marcher sans boiter. Si tu l'achètes chez un éleveur, il est possible qu'il ait déjà reçu ses premiers vaccins, et on te remettra sans doute une fiche de conseils alimentaires pour que tu puisses donner à ton chien la nourriture qui lui convient.

Certaines animaleries vendent aussi des chiots, mais ce n'est pas une très bonne idée d'acheter le tien là-bas. Dans ces magasins, on mélange souvent les chiots de différentes portées. Et comme les chiots n'ont pas encore été vaccinés, ils risquent de tomber malades.

Qu'est-ce qu'un pedigree?

Dire d'un chien qu'il possède un pedigree, c'est une autre façon de dire qu'il est de race pure. On crée une race pure en accouplant un mâle et une femelle qui ont en commun certaines caractéristiques, telles que la couleur, le type de robe ou le tempérament. Lorsque les chiens ont atteint l'âge de se reproduire, ils peuvent être accouplés entre chiens de la même portée ou avec d'autres chiens provenant de la même lignée. Il faut habituellement dix ans et huit générations pour créer un pedigree. L'éleveur à qui tu achètes un chiot ou un chien avec un pedigree doit te remettre un certificat de naissance et une carte d'enregistrement du Club Canin Canadien (CCC).

Adopter un chien dans un refuge

Les refuges d'animaux sont d'excellents endroits où trouver un compagnon canin. Si ta famille et toi envisagez d'adopter un chiot ou un chien abandonné, demande à ton vétérinaire de te recommander des refuges dans ta région.

Les chiens abandonnés peuvent faire d'excellents animaux de compagnie, mais tu dois faire attention à en choisir un qui convient à ta famille.

Poser des questions

Un refuge respectable te posera des questions afin de s'assurer que le chien sera accueilli dans un bon foyer. La plupart des refuges font des visites à domicile pour vérifier si ta famille, ta maison et ton jardin conviennent à un chien. Toi aussi, tu dois te renseigner sur le chien que tu désires adopter. Plus tu obtiendras de renseignements, mieux ce sera. Imagine comme ce serait triste de devoir rapporter le chien au refuge parce que vous avez réalisé qu'il ne peut s'entendre avec votre chat, qu'il n'aime pas les enfants ou qu'il a peur des voitures.

Payer pour son animal

La plupart des refuges pour animaux vous demanderont de faire un don ou de payer pour le chien que vous adoptez. C'est une façon de s'assurer de votre engagement envers ce dernier. Habituellement, cette somme sert à couvrir une partie des frais liés aux soins que votre chien a reçus au refuge.

La plupart des chiens et des chiots dans les refuges y ont été amenés, ou ont été abandonnés, parce que leurs maîtres se sont rendu compte qu'ils n'étaient pas capables de s'occuper d'un chien.

Qu'est-ce que la stérilisation?

La **stérilisation** est une opération visant à empêcher les chiens de se reproduire. Il y a tant de chiens abandonnés que c'est peut être une bonne idée de faire stériliser le tien. La stérilisation permet de prévenir certains types de cancer et d'autres maladies que les chiens développent en vieillissant. Le vétérinaire pourra t'informer du meilleur moment pour procéder à l'opération. Dans les refuges, les chiens sont habituellement stérilisés avant l'adoption, mais s'il s'agit d'un chiot, il est possible que tu aies à le faire faire.

Se préparer à accueillir un chiot

Avant d'accueillir ton nouveau chiot ou chien chez toi, il faudra t'assurer que tu as la bonne nourriture et tout l'équipement nécessaire.

Les repas

L'éleveur ou le personnel du refuge t'aura sans doute informé du type de nourriture à laquelle ton chien est habitué. Tout changement de nourriture doit se faire graduellement. Les portions et le type d'aliments varient selon la taille et l'âge de l'animal. Un chiot de trois mois, par exemple, aura besoin de quatre repas par jour et d'aliments spéciaux pour chiots, tandis qu'un chien adulte se contentera d'un repas par jour. Ton chien doit toujours avoir un bol d'eau fraîche et son bol de nourriture doit être nettoyé tous les jours.

Les colliers et les laisses

Sans collier et sans laisse, il est difficile d'inculquer à ton chien un bon comportement et de l'entraîner à la promenade de façon sécuritaire. Ton chiot aura besoin d'un collier souple assez grand : tu dois pouvoir insérer deux doigts entre le collier et le cou du chiot. Il te faudra aussi une laisse qui s'attache et se détache facilement.

Vérifie avec l'éleveur ou le refuge de quels types de collier et de laisse ton chien a besoin.

Le repos

Le lit de ton chien doit être fait de plastique rigide qui se nettoie bien et ne peut être mordillé. Les couvertures aussi doivent être lavables. Place le panier dans une pièce calme, et jamais dans un endroit qui risque d'atteindre une température trop élevée, une serre, par exemple. Certains propriétaires mettent le panier de leur chiot dans une grande cage. Celui-ci apprend à considérer la cage comme sa niche. Une fois qu'il y est habitué, il pourra y être enfermé pour de courtes périodes lorsque cela sera nécessaire. Les cages permettent de transporter un chien en voiture de façon sécuritaire.

Assure-toi que le panier de ton chien n'est pas situé dans un endroit exposé aux courants d'air.

En voiture

Lorsque tu ramènes ton chiot à la maison, et pour ses premières visites chez le vétérinaire, transporte-le dans sa cage ou dans un sac bien ventilé. Un chien peut voyager sur le siège arrière de la voiture s'il porte un harnais attaché à la ceinture de sécurité, ainsi que dans le coffre d'une voiture à hayon, s'il est attaché de façon sécuritaire. Ne laisse jamais ton chien dans une voiture par une journée chaude, même à l'ombre et avec une fenêtre ouverte. La température peut monter rapidement à l'intérieur d'un véhicule et ton chien pourrait mourir en quelques minutes seulement.

Les premiers jours

Les premiers jours dans un nouveau foyer sont souvent une période très stressante pour un chiot. Sa mère, ses frères et ses sœurs lui manquent et il doit s'habituer à plein de nouvelles choses.

Tout en douceur

Lorsque tu accueilleras ton chiot à la maison, emmène-le d'abord dans ton jardin ou ta cour extérieure afin qu'il puisse faire ses besoins. Puis, emmène-le dans la pièce où se trouvent son panier, sa nourriture et son bol d'eau. Assieds-toi en silence et laisse-le renifler et explorer son nouvel environnement. Ton chiot viendra te voir lorsqu'il sera prêt. N'oublie pas de le sortir après chaque repas et après qu'il a bu pour qu'il puisse faire ses besoins. Ne laisse pas ton chien sortir du jardin tant qu'il n'a pas reçu tous ses vaccins, car il pourrait attraper des maladies.

L'entraînement à la cage

Avant de présenter sa cage à ton chiot, place son panier, son eau et un jouet à l'intérieur. L'adulte responsable du dressage devra dire : « Dans ta cage! » d'une voix enjouée et lui donner une récompense lorsqu'il obéit. Laisse la porte de la cage ouverte pour qu'il puisse en sortir à tout moment. Bientôt, ton chien entrera et sortira de sa cage avec plaisir et la considérera comme un petit endroit spécial. Tu pourras alors en fermer la porte, mais pas plus de quelques minutes à la fois.

L'entraînement à la propreté

Pour aider un chiot à faire ses besoins au bon endroit, sors-le toujours au réveil, après le jeu et lorsqu'il a fini de boire et de manger. Félicite-le lorsqu'il a fait ses besoins. Un chiot de trois mois aura habituellement besoin de sortir toutes les trois heures. Il ne faut jamais crier après un chien ou un chiot qui fait accidentellement pipi dans la maison. Cela ne fera que le rendre plus nerveux. Dis-lui simplement « non » d'une manière ferme et guide-le à l'extérieur, à l'endroit habituel où il fait ses besoins.

Au fur et à mesure que ton chien s'habituera à son nouvel environnement, il se détendra et deviendra plus confiant.

Premières rencontres avec d'autres chiens et chats

Si tu as une cage, laisse ton chien à l'intérieur pendant de courtes périodes et donne aux autres animaux l'occasion de s'habituer à l'odeur et à l'apparence du nouvel arrivant. Lorsque ton chien est en liberté, veille à ne pas le laisser seul en présence de tes autres compagnons à quatre pattes tant qu'ils ne se sont pas apprivoisés. Sois particulièrement prudent lorsque tu amènes un nouveau chien adulte chez toi. Garde-le en laisse. Cela peut prendre quelques semaines avant que les animaux s'habituent les uns aux autres. Ne les laisse jamais seuls ensemble pendant cette période.

Le toilettage et les soins

Le toilettage permet d'éliminer les saletés, les peaux mortes et les poils lâches. Il aide à garder la peau de ton chien en santé. Il renforce également les liens entre ton chien et toi. Pendant le toilettage, tu peux vérifier que ton ami n'a ni puces ni infection aux yeux ou aux oreilles.

Le brossage

Pour les chiens à poil long, il te faudra une brosse souple, une brosse en poils de soie, un grand peigne fin et un peigne démêloir. Pour un chien à poil ras, un gant rêche suffit. Brosse doucement ton chien le long de son dos et de ses flancs dans le sens des poils, puis brosse son ventre et autour de sa queue. Aux endroits où les poils sont plus longs et emmêlés, vas-y très, très doucement. Les chiens plus âgés ont parfois besoin d'être lavés avec un shampoing (mais des bains trop fréquents ne sont pas bons pour leur pelage).

Si tu n'es pas certain du type de brosse à utiliser pour ton chien, demande à ton vétérinaire.

Le pelage des chiens est différent selon la race et certains chiens auront besoin de séances de brossage plus longues que d'autres. Pour les chiens à poil long tels que les lévriers afghans, les terriers du Yorkshire et les golden retrievers, un brossage quotidien est nécessaire.

Conseils de dressage

Caresse ton chien sur les côtés plutôt que sur la tête, car la plupart des chiens perçoivent cela comme un geste menaçant. Ne l'encourage pas à sauter sur toi ou à lécher ton visage – tu pourrais te faire renverser. Pour lui faire passer cette mauvaise habitude, garde tes mains le long de ton corps et passe à côté de lui en l'ignorant. Une fois qu'il aura cessé de sauter, dis-lui « assis », puis félicite-le. S'il continue à sauter ou à poser ses pattes sur toi, ne le regarde pas et quitte la pièce.

Le brossage des dents et et la coupe des griffes

Le brossage des dents permet à ton chiot de conserver des dents saines plus longtemps en empêchant la plaque de s'accumuler. Il contribue aussi à enrayer la mauvaise haleine. Le brossage des dents devrait être effectué par un adulte, à l'aide d'une brosse et d'un dentifrice pour chiens offerts dans la plupart des animaleries. En général, les griffes des chiens s'usent lorsqu'ils marchent, mais si elles deviennent trop longues, il faudra les couper. La première fois, demande au vétérinaire de le faire : il pourra montrer à l'adulte responsable des soins comment procéder sans blesser l'animal.

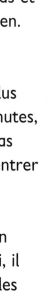

Le dressage, c'est important!

Dresser un chien est très important. C'est ainsi qu'on lui apprend à bien se comporter, tant avec les humains qu'avec les autres chiens. Les chiens qui ne sont pas dressés peuvent poser de multiples problèmes. Ils n'obéissent pas lorsqu'on les appelle, tirent sur leur laisse et peuvent attaquer les autres chiens ou même mordre les humains.

Un entraîneur adulte

Même si toute la famille doit s'assurer que le chien se comporte convenablement, un seul adulte doit être responsable de l'entraînement. Si trop d'individus s'occupent de dresser le chien, il sera déconcerté. Une fois que ton compagnon comprendra les ordres de base enseignés par l'adulte, tu pourras commencer à les utiliser et participer toi aussi au dressage.

Calme et bref

Les meilleures techniques d'entraînement comprennent un système de récompenses et de félicitations lorsque le chien ou le chiot obéit. Il ne faut lui offrir aucune récompense tant qu'il n'a pas fait ce que tu lui as demandé. Ne crie pas et ne punis pas ton chien. Les séances d'entraînement ne doivent pas durer plus de cinq à quinze minutes, car un chien n'est pas capable de se concentrer plus longtemps. On conseille en général d'entraîner son chien lorsqu'il a faim; ainsi, il est plus motivé par les friandises.

Première leçon : « Viens! »

Pour cette première leçon, l'entraîneur et toi-même devez choisir une pièce calme.

1. L'entraîneur divise un des repas du chien en cinq à dix portions.

2. L'assistant retient doucement le chien par son collier.

3. L'entraîneur se tient à une courte distance du chien avec une portion de nourriture dans les mains.

4. L'entraîneur dit d'un ton joyeux le nom du chien, suivi de l'ordre « viens ».

5. L'assistant lâche le collier du chien. Alors que le chien s'approche, l'entraîneur se penche vers lui en le félicitant et en lui montrant la nourriture.

6. Récompense ton chien par de multiples caresses et permets-lui de manger la nourriture. Répète l'exercice jusqu'à ce qu'il ne reste plus de portions de repas.

Après environ une semaine, tu peux demander à ton chien de venir vers toi pour une friandise, puis par la suite, seulement en échange de caresses et de félicitations.

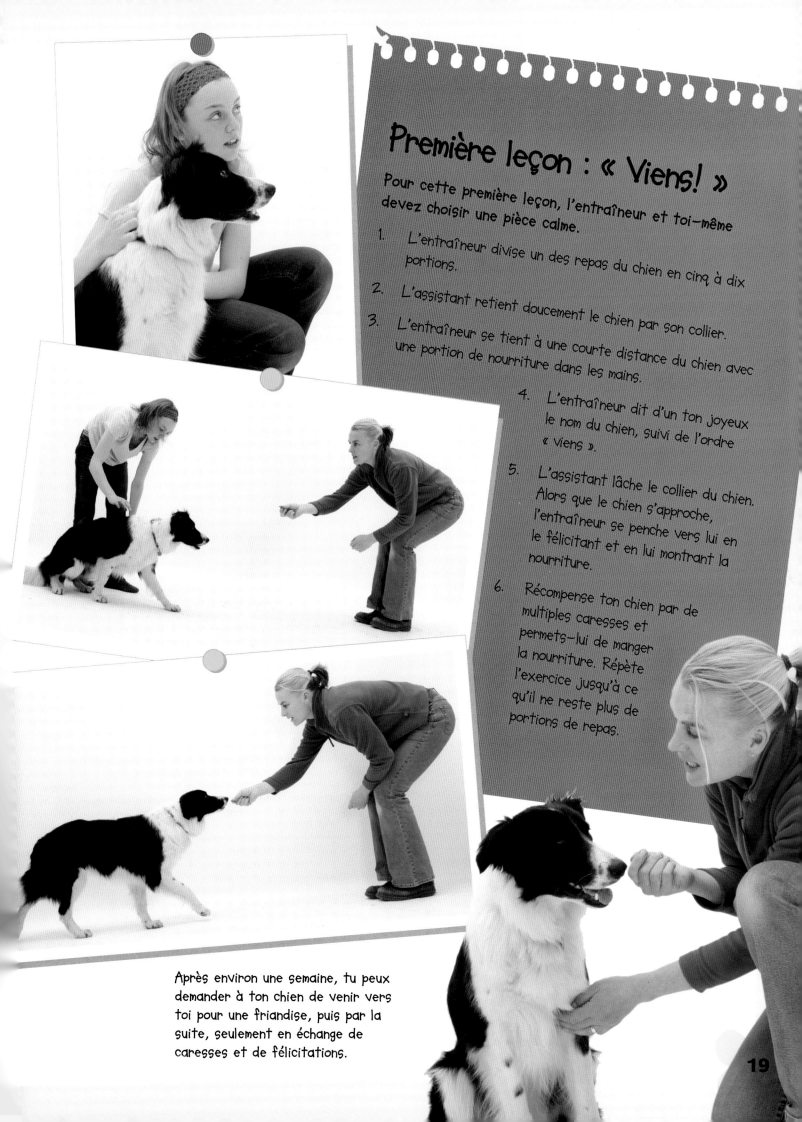

L'entraînement à l'extérieur

Quand ton chien ou ton chiot est bien entraîné à l'intérieur, tu dois passer à l'étape suivante : le faire venir vers toi lorsque tu es à l'extérieur. C'est plus difficile parce qu'il y a beaucoup plus de distractions. Tu auras besoin d'une laisse extensible et d'un jouet ou d'une friandise sèche à utiliser comme récompense.

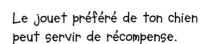

Le jouet préféré de ton chien peut servir de récompense.

1. Dis le nom de ton chien, suivi de l'ordre « viens ».

2. Si ton chien ne vient pas, donne un léger coup sur la laisse pour attirer son attention et essaie de nouveau. N'utilise pas la laisse pour le tirer vers toi.

3. Quand il vient, félicite-le avec entrain et récompense-le d'un jouet ou d'un biscuit pour chien.

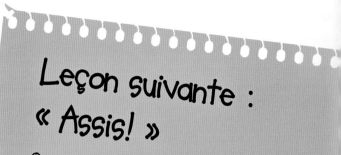

Leçon suivante : « Assis! »

Quand ton chien comprend l'ordre « viens », tu peux lui apprendre « assis! »

1. Appelle ton chien en lui disant « viens » et montre-lui la nourriture.

2. Quand ton chien est devant toi, tends-lui la nourriture au-dessus de sa tête. Il ne voudra pas quitter la nourriture des yeux et s'assoira.

3. Lorsqu'il s'assoit, dis « assis » et donne-lui la récompense. Quand ton chien a compris l'ordre, tu peux l'entraîner à obéir à l'ordre « assis », que tu sois devant, derrière ou à côté de lui quand tu le prononces.

Quand ton chien comprendra les ordres, tu n'auras plus besoin de lui donner autant de friandises. Les mots et les caresses suffiront. Fais toujours bien attention à ne pas lui donner trop de nourriture pendant les entraînements. Il ne faudrait pas que le dressage soit responsable d'un excès de poids!

En laisse

Tu dois apprendre à ton chiot comment marcher en laisse. Donne-lui d'abord du temps pour qu'il s'habitue à sa laisse. Attache la laisse à son collier et laisse ton chien se promener comme ça dans la maison pendant de courtes périodes.

Marcher en laisse

Pour apprendre à ton chien à marcher en laisse, tu dois d'abord lui apprendre à marcher au pas. C'est la première étape.

1. Ton chien doit d'abord être en position assise – à ta gauche de préférence. Assure-toi de garder sa laisse courte afin qu'il reste bien près de toi. Tiens la laisse dans ta main droite et prends une friandise dans ta main gauche.

2. Commence à marcher. Dis le nom de ton chien, puis « au pied » en le gardant près de ton corps à ta gauche. Dès qu'il se tient à ta hauteur pendant quelques pas, donne-lui sa petite récompense. Finalement, ton chien fera le lien et cessera de tirer sur sa laisse.

Les meubles et la nourriture

Ne laisse pas ton chien grimper sur les sofas et les lits sinon il pensera que c'est lui qui commande et non toi. Il risquerait de mal se comporter et de devenir difficile à dresser. Ne lui donne pas à manger avant que ta famille ait terminé son repas et ne lui offre jamais de la nourriture de table. Cela vous aidera à vous faire obéir. C'est un adulte qui doit se charger de nourrir le chien.

La marche au pied est la première étape de l'entraînement à la promenade en laisse.

Au jeu

Le jeu est un moment agréable à la fois pour toi et pour ton chien. C'est aussi un vrai plaisir de lui choisir des jouets parce qu'il en existe de toutes sortes.

Choisir des jouets

Choisis des jouets de qualité et respectant les normes de sécurité. Si ton chien brise un jouet en le mordant, jette-le et achètes-en un nouveau. Il risquerait d'en avaler des morceaux et une opération serait alors nécessaire pour les retirer. Avec le temps, tu apprendras à connaître les jouets préférés de ton chien!

Les jouets à mâchouiller

Ne te sers pas de vieux vêtements ou de vieilles chaussures comme jouets. Sinon, ton chien ne fera pas la différence entre ceux qui sont des jouets et ceux qui ne le sont pas et il risque de mâchouiller tous tes vêtements! Les grands jouets de caoutchouc à remplir de friandises saines sont amusants et ils aideront ton chien à cesser de mâchouiller les vêtements et les meubles. Tu peux aussi acheter dans les animaleries des os stérilisés, en caoutchouc ou en nylon. Presque tous les chiens aiment les os à mâchouiller!

Choisis des os stérilisés, car ils ont été spécialement traités pour ne contenir aucune bactérie qui pourrait rendre ton chien malade.

Les autres jouets

Certains chiens aiment les cordes tressées sur lesquelles ils peuvent tirer. Pour jouer à attraper, aller chercher et rapporter, rien ne vaut une balle. Lance la balle au loin plutôt que dans la direction du chien, pour éviter qu'elle ne se coince dans sa gorge. Les disques volants sont aussi d'excellents jouets. Par contre, mieux vaut éviter de lancer un bâton à un chien parce qu'il pourrait se blesser en le prenant par l'une de ses extrémités.

C'est l'adulte responsable de l'entraînement qui doit sortir les jouets, puis les ranger après la séance de jeu. Cela empêchera le chien de devenir territorial et agressif par rapport à ses jouets.

Cache-cache

Joue à cache-cache avec ton chien. Dis-lui « reste », puis montre-lui une friandise ou un jouet et laisse-le voir où tu le caches. Ensuite, dis-lui « cherche » et laisse-le retrouver la récompense. La fois suivante, dis-lui « reste », puis fais semblant de cacher l'objet à différents endroits. Puis, dis-lui « cherche » et montre beaucoup d'enthousiasme lorsqu'il trouve l'objet.

Chez le vétérinaire

Le vétérinaire va devenir l'un des meilleurs amis de ton chien et une très importante source de conseils pour toi et ta famille. Cherche dans les pages jaunes ou demande à des voisins qui ont des animaux de te recommander un vétérinaire dans ton quartier.

La première visite

Tu dois emmener ton chien chez le vétérinaire pour un premier bilan de santé dans les deux jours suivant son adoption. C'est le moment de t'informer sur la stérilisation et la vaccination contre des maladies telles que le **parvovirus** et la **maladie de Carré**, qui sont des maladies contagieuses et mortelles pour les chiens. Le vétérinaire te dira quand il faudra revenir pour les **rappels**.

Perdu et retrouvé

Ton vétérinaire peut aussi installer une puce électronique sous la peau de ton chien et inscrire ton nom et ton adresse dans une base de données. Ainsi, ton chien pourra être retrouvé si jamais il se perd. Une puce électronique n'est pas plus grande qu'un grain de riz et elle est insérée sans douleur sous la peau. De nombreux refuges, vétérinaires et postes de police possèdent des scanners qui leur permettent de lire la puce électronique des chiens qui leur sont amenés.

Puces et vers

Le vétérinaire peut traiter ton chien contre les puces et les vers. Vermifuger régulièrement son compagnon est important parce que les fèces canines contiennent parfois des œufs de Toxara (vers ronds) qui peuvent rendre les humains aveugles. Ton chien peut aussi attraper d'autres vers ronds ou des vers plats. En l'absence de traitement, ces vers le rendront malade. Un chiot devrait donc être vermifugé toutes les deux semaines et un chien adulte, environ tous les trois ou quatre mois. Si un chien se gratte souvent, il est possible qu'il ait des puces. Dans ce cas, il faut demander au vétérinaire un traitement qui aidera à débarrasser le chien de ses puces.

Pour empêcher une maladie de se propager, l'adulte responsable de votre chien doit nettoyer les endroits souillés même si votre compagnon est traité avec un vermifuge.

Les puces sont des parasites bruns qui infestent le pelage d'un chien et se nourrissent de son sang. Elles provoquent des démangeaisons et des infections sur sa peau et risquent d'infester toute la maison.

Tu penses que ton chien ne va pas bien?

Il faut emmener le chien chez le vétérinaire s'il semble souffrant. S'il n'a aucun intérêt pour sa nourriture, ni pour ses jeux et jouets favoris et qu'il dort beaucoup plus que d'habitude, il est possible qu'il soit malade. Il faut aussi s'inquiéter si son nez ou ses yeux coulent, s'il a la diarrhée, s'il vomit, s'il boite ou s'il a de la difficulté à respirer ou à faire ses besoins.

Prendre soin d'un chien âgé

Tout comme les personnes âgées, les vieux chiens ont habituellement besoin de soins particuliers pour rester en forme et en bonne santé aussi longtemps que possible.

Les dents et les griffes

Un chien âgé a besoin de deux visites annuelles chez le vétérinaire afin de passer un examen complet et de maintenir sa vaccination à jour. Ton vétérinaire examinera ses griffes : quand les chiens vieillissent, ils font moins d'exercice et leurs griffes peuvent devenir trop longues et les blesser. Le vétérinaire vérifiera, et nettoiera peut-être, les dents de ton chien. En effet, le **tartre** s'accumule parfois sur les dents, ce qui peut causer des infections et la perte de dents.

Un peu plus de confort

En vieillissant, les articulations des chiens peuvent devenir douloureuses. Ajoute un petit coussin supplémentaire dans le panier pour plus de confort. Si ton chien devient vraiment raide, le vétérinaire lui prescrira des pilules pour diminuer sa souffrance. Quelquefois, les chiens âgés ont de la difficulté à voir et à entendre. Pour les aider à se déplacer, ne modifie pas la disposition habituelle des meubles. De plus, en conservant les mêmes horaires et les mêmes itinéraires pour les promenades, ton vieux copain se sentira plus en sécurité.

Faire ses adieux

Si ton animal est très malade, il faudra peut-être le faire piquer. Le vétérinaire lui fait alors une injection pour qu'il meure sans douleur. Vous pouvez ensuite laisser le corps chez le vétérinaire ou le ramener à la maison pour l'enterrer. Le vétérinaire peut aussi incinérer votre chien pour que ta famille et toi puissiez disperser ses cendres. La mort d'un animal est un événement très difficile à vivre. Pour t'aider à traverser cette épreuve, pourquoi ne pas écrire une histoire sur lui, regarder des photos ou fabriquer un album de photos sur ton fidèle compagnon?

Terrier blanc du West Highland

Labrador

Lévrier afghan

Combien de temps les chiens vivent-ils?

Les chiens de petite et de moyenne taille, comme les jack russels et les épagneuls, vivent en moyenne une quinzaine d'années. Les chiens de plus grande taille, comme les lévriers afghans, vivent environ 12 à 13 ans, alors que les chiens de très grande taille, comme les mastiffs, vivent rarement plus de 10 ou 11 ans.

En vieillissant, ton chien aura peut-être besoin de dormir davantage. Laisse-le tranquille pour qu'il puisse se reposer. Il viendra te voir quand il sera prêt.

Glossaire

caractéristiques   Particularités d'un chien, comme la couleur et la longueur du pelage, le tempérament et les habiletés.

maladie de Carré   Maladie mortelle qui se caractérise par une forte température, une toux, et le nez et les yeux qui coulent.

parvovirus   Maladie infectieuse contre laquelle un chien devrait être vacciné.

race   Groupe de chiens de race pure qui ont en commun un certain nombre de caractéristiques, comme la couleur du pelage. Les labradors et les airedale-terriers, par exemple, sont des chiens de race.

rappel   Dose supplémentaire d'un vaccin qui permet de protéger ton chien contre une maladie.

se tapir   Se dit, par exemple, d'un chien effrayé qui se couche sur le sol.

stérilisation   Opération qui met fin à la capacité de reproduction.

tartre   Substance dure qui s'accumule sur les dents d'un chien.

tempérament   Façon dont un chien se comporte.

Index

Notes à l'intention des parents

Les chien et les enfants

Posséder un chien peut être une expérience merveilleuse pour toute la famille. Toutefois, c'est aussi une immense responsabilité. Même si nous nous sommes attardés à décrire quelques-unes des tâches que les enfants peuvent accomplir, il n'en reste pas moins que ce sont les adultes qui sont responsables du bien-être de l'animal et de la sécurité des enfants qui l'entourent.

Vous devez vous assurer que vous avez les moyens de payer les frais de vétérinaire, de dressage et de chenil, avant d'adopter un chien.

Idéalement, il devrait y avoir un adulte à la maison la plupart du temps, car il n'est pas raisonnable de laisser un chien seul plus de trois heures par jour.

Posséder un chien peut être bénéfique, car cela apprend aux enfants à prendre soin d'un animal et leur enseigne loyauté et sens des responsabilités. Toutefois, il est important de garder en tête certaines règles de sécurité.

Aide-mémoire sur les règles de sécurité

- Les chiens ont besoin qu'on les sorte pour la promenade deux fois par jour. Les adultes de la famille doivent assumer cette responsabilité, car maîtriser un chien peut être dangereux pour un enfant de moins de 16 ans.

- Conformément à la loi, vous devez ramasser les déjections de votre chien lors des promenades. Les fèces canines risquent de propager des maladies.

- Afin de prévenir les chutes et morsures possibles, les jeunes enfants ne devraient jamais être laissés seuls en présence d'un chien. De même, la tâche de le nourrir revient à un adulte de la famille.

- Ne laissez pas un enfant transporter de la nourriture près d'un chien. Ce dernier pourrait tenter de s'en emparer et renverser l'enfant.

- Il est important d'apprendre aux enfants à flatter leur chien (ou tout autre chien) en se plaçant sur le côté et non pas face à l'animal, et de ne jamais lui caresser la tête. Les caresses sur la tête peuvent être perçues par l'animal comme un geste de dominance et pousser certains chiens à mordre.

- Entraînez votre chien à se coucher et à demeurer couché lorsque des enfants s'amusent ensemble. Si les enfants jouent à la balle et que le chien tente de se joindre à eux, il risque de les blesser.